furonofluxo

furonofluxo
fernanda marra

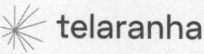 telaranha

Projeto gráfico: ~~
Capa: Davi de Sousa
Fotografia de capa: Bryan Smith e Sanjiv Sam Gambhir/National Cancer Institute
Preparação de original: Guilherme Conde Moura Pereira
Revisão: Bárbara Tanaka

Dados Internacionais de Catalogação na Publicação (CIP)
Bibliotecário responsável: Henrique Ramos Baldisserotto - CRB 10/2737

M358f   Marra, Fernanda
             Furonofluxo / Fernanda Marra. – 1. ed. – Curitiba, PR: Telaranha, 2023.

             112 p.

             ISBN 978-65-997172-9-1

             1. Poesia Brasileira I. Título.

                                                                      CDD: 869.91

Índices para catálogo sistemático:
1. Poesia : Literatura Brasileira 869.91

Direitos reservados à
TELARANHA EDIÇÕES
Curitiba/PR
(41) 3246-9525 | contato@telaranha.com.br
www.telaranha.com.br

Impresso no Brasil
Feito o depósito legal
Setembro de 2023

O intruso não é um outro senão eu mesmo e o homem ele mesmo. Não é um outro que o mesmo que nunca termina de alterar-se, ao mesmo tempo aguçado e esgotado, desnudado e superequipado, intruso no mundo assim como em si mesmo, inquietante ímpeto do estranho, conatus de uma infinidade excrescente.

Jean-Luc Nancy (tradução de Pricila C. Laignier, Ricardo Parente e Susan Guggenheim)

[...] afinal é o corpo esse que não pode mais ser tocado, afinal ele existe? E eu poderia dizer eu sou meu corpo? Se eu fosse meu corpo ele me doeria assim? O que é a linguagem do meu corpo? O que é a minha linguagem?

Hilda Hilst

sumário

15 | tezsidos

27 | articulagens

39 | *interdito*

59 | enxertos

73 | o movimento explica a forma

105 | posfácio, por eduardo sterzi

111 | sobre a autora

efeitos gastrulatórios

Doze de junho, ano vinte.
O jornal alarma: colheita de células-tronco
em embriões humanos.
A molécula é tridimensional
           Viva!
Passados três dias, dizem, pintam os tecidos
do coração, músculos, ossos do tórax, intestinos.
Com milímetro e meio a molequinha
já faz corpo
           Vivo.

Dizem que o momento importante da vida
é quando gastrulamos.
Gastrulação é quando células-tronco
migram de um lado a outro
fazendo um todo.

E os membros, você pergunta.

Dizem que há mais de 1.000 genes que diferenciam
a gastrulação humana da do camundongo.

Quando voltei a mim
depois da cirurgia, a primeira coisa
que lembro é o ruído terrível
que transbordava na minha cabeça.

Nesse estado de semi-inconsciência
ofereceram as próteses.
Toda minha atenção concentrava
no espaço vazio onde antes havia
meu braço esquerdo.

Lembro-me de descrições complicadas de captadores de ondas
cerebrais e de testes promissores
em ratos e macacos.
Tentei protestar debilmente
contra toda homogeneização
não-toda.

A caixa-preta foi aberta.
Achei que fosse morrer.

Uma intrusão produz a desordem
a ameaça o choque.
Só os poetas a colhem.

E o que quer dizer acolhida, você pode querer saber.

Sim, é preciso insistir naquilo
que num estrangeiro deve permanecer
estrangeiro.
A colher a concha escrevo de ouvido
e ele ainda é meio mouco.

Só quando o volume diminuiu
que me lembrei de olhar para o meu braço,
e constatar que o espaço vazio

continuava ali.
Aos uivos, perguntei onde estava
a prótese que me haviam prometido.

Com o tempo, comecei a tratá-la com naturalidade.
Era cada vez mais comum olhar para as engrenagens
como uma extensão do meu corpo.

] Essa é a fronteira da identidade [

O que era ruído começava a aclimatar
me trazendo de volta
uma lucidez nem tão bem-vinda
porque uma identidade sólida
que não admite a entrada de nenhuma intrusão
é estúpida.

Meu progresso não foi rápido
mas foi menos doloroso do que eu imaginava.
Todas as experiências são importantes.
     Tudo vem de fora.

Ainda assim, queria saber [q]ue classe de pessoa sou eu que ante esta soma de espaço percorrido e ante outra soma de espaço a percorrer vejo minha vida como uma grande linha. Mesmo reta e direcionada é também saltimbanca e, por isso, anda em busca de um passado inacreditável. Passado cujas senhas cobrem, ainda que em parte, essa terra, baldia, mas edificável. Essa terra que os filósofos e todos os homens insistem em chamar futuro.

Deixemos nossas partes mecânicas se tocarem
tendo à nossa frente um futuro
que já não promete nada
a não ser a garantia inevitável e preciosa
de que o presente
há de passar.

Deixemos nossas partes mecânicas
porque apesar da sua máxima importância
a gastrulação humana jamais
pôde ser observada enquanto ocorria.

Gastrulação é quando células-tronco
quase idênticas do embrião
começam a migrar e a formar um todo.
O embrião é chamado gástrula.

Seria preciso cultivar embriões humanos
além da linha vermelha.
Algo assim como
               aceitação
               rechaço
               & não aceitação do rechaço.

Economia das articulagens
talvez. Ergonomia.

Um estudo publicado na última quinta-feira
atravessou a raia de fogo.
Um assunto tão polêmico

que nem sequer os peritos desse campo
se põem de acordo a respeito.

De alguma parte
pressinto a metástase no dorso.
Ciborgue ou deusa
não é já
questão de excolha.

tezsidos

Sob a pele das palavras há cifras e códigos.
Carlos Drummond de Andrade

endodérmico

furar o asfalto
ralar a pele na abertura do piche
nascer sem contrações
explodindo a barriga

terum cor-
      -po

alimentar do avesso da comida
& mirrar
      de quando em sempre
sem perder o rasto

é revigorante, admito
esfolar o asfalto
a-ssentir com o afago inumano
neste esboço de pleura
insurgente insegura
q-u-e-b-r-a-d-i-ç-a

ósseo

às vezes para sentar
é preciso encolher a cauda
encontrar os ísquios
enganar na base
a dor que migra

sedimentos de nada
dão suporte à libra
de carne desti-
nada a ser
                sedenta e
                ser mendiga

cartilaginoso

> *Dias de amarrar barbante ao redor*
> *do nada, e capturar um deus menor.*
>
> Paulo Henriques Britto

patins afivelados aos tênis
pinhas pendentes
céu firme

enquanto a bola rola no saibro
fora do alambrado
avulsas entre os seixos
aprendem com Eco e faunos
a pentear macacos

na voz ab-
small a diztorção
dos deuses
desabados

faz esquecer
que foi melhor
assim

cardíaco

Pina mete o coração para todo lado.

Nem sabia que podia abusar
dessas palavras pegajosas.

Pina tasca
                          o coração no meio da página,
                          nem mela.

O poema fica limpinho, pura mancha escura e grávida.
Nunca vi manejar um órgão com tanto asseio. De minha parte
quase só mexo com o baço.

Pina, não.
                    Faz CORATICUM DUM TSSS
fala de velas
      de órbitas
      diástoles

circulatório

nem todos os métodos
nem todas as manhas de pesca
levam ao ato
pode que as lições secundárias
engolfem etapas de arremesso
& fisga

: isso de entrar no rio pelo tato
arrastando a planta na areia
revolvendo a terra para afugentar arraia
tem salvado o passo
e o tendão do calcanhar

no rio, entra-se por baixo
sem susto, nem espalhafato
um toque macio no ventre de espécime aquático
como quem pede licença à casa
antes de avançar

na temperatura quentefria
ambientar o sangue
contando que o tato
saiba guiar

adiposo

na segunda-feira cacta
a mulher insiste
macia dentro da escuridão

de manhã, dribla o reflexo
da pomba colidida
no espelho enganoso do palácio
enfeitada com tédio e pagamento bom

pela tarde, uma terceira pessoa
vai ao mercado
escuta a música ambiente do plástico
abrindo para receber a salsa
enquanto a coroa ardilosa
ferroa incauta a outra mão

alguém que não corre resiste
no caixa
e não entrega o cpf acusando o atraso
não se perde na gôndola entre as seções
nem se dobra ao interstício do pires
                            à pauta

interstício

pauta sem silêncio
atravessamento conjuntivo
ósseo ócio cio
fria tração
da trama tecendo
a ruína do tecido

epitelial

tatuagem
revés
do poema
definitivo

xeno

nas travessas vicinais
trepida a epitéliolataria
o condutor o guia o auto-
determina

atrito prateado das caminhonetes
búfalos brancos carretas sem
nada não ameaça o corpœstilho

em velocidade controlada
o trespasse extemporâneo e íntimo
precipita

      solta e desalinhada a voz
cose a estrada   esburacando o estribilho

acabamento

na cutícula da palavra
cingir a borda retirando o limite entre membrana e
casco sem beliscar a carne

a mesma língua nunca é

sempre outro o músculo viscoso
a gelatina que espalha e molha
excrevendo o excremento

de toda letra o gozo tardio no desenho
e a crueldade com quem aprende a forma
imperfeita impotente imprópria
é fácil

quanto tempo para amolecer os dedos
lapidar no rascunho desfrutar do resto produzindo o
calo

quanto leva o tempo para escarpar engrenagens
e dançar a espinha poronde fogem os nomes
histriônicos e vazios
rumo ao abismo
dos dizeres desde as jaulas

articulagens

Nosso corpo é um fole permissivo onde o ar, os ruídos ou os odores (como as bactérias e os pequenos organismos) penetram sem barreira.

Nuno Ramos

mecânica do baço

i.

desde que arrepiei o cabelo
desobedeci a uma inscrição antiga
assentindo com o ácido desoxirribonucleico
e a cobiça

acender o desejo soava
como baixar a guarda e
largar o exército descansando
(a tudo isso muito avessa uma lua minha ariana)
mesmo assim, não dei de ombros
e descobri que além do útero
também o baço pode
ser um soco armado no tamanho
pode vigiar agentes nocivos
e é estranho
como o baço, este aliado
também pode crescer
se não dez metros
dez vezes aquela medida de punho em riste
e é curioso
como isso diz
sobre meu órgão vital
de controle
como isso me diz
tant_

ii.

também comprei óculos maiores
para enxergar melhor a catástrofe
tudo muito baço
todo mundo falando de fim
e eu me atendo quando posso
me atendo ao que posso
na fase perdida na frase
que diz toda mudança tem asa

mesmo assim
considero bonitas
as formas de estagnar
as coisas que em vãos
se constroem e pedem
bote
brasa
haste

iii.

o baço excedeu o punho
e tudo dói tudo
aumentado me tenta
por fora
de perigo
pode ser que o demande
com a algazarra dos guizos

a diferença, esse animal acariciado
e abandonado na esquina
ela nunca se instala
e tudo bem
ficar no meio do provérbio
sobre o esforço de fazer pontes com a língua
should we agree to disagree?
ainda diria se respirasse

estrita e necrosada
a artéria pulsa
querendo sangria
de ferida

anamnese

uma vez o médico
que me tirou meu filho
de mim
disse que até atendia mulher pobre lá no caixa-prego
jardim não-sei-das-quantas
fim-do-mundo-enésima-etapa
lá onde suas mãos brancas gigantes e obs-
-tétricas baloiçavam dramáticas a perder de vista

já parto de índia
não adiantava nem chamar
que ele não fazia não

bastante pra que a raizeira
com chancela
me examinasse desde então

quando o coração de fora samba sem querer

na escola
ante o prato ainda cheio
segue meus olhos
procurando o que não tenho
enrolando para terminar a refeição
lê na parede que toda alma
é uma música que se toca
e demonstra com a cabeça
o desagrado

diz que a alma é a pessoa e a pessoa
é quem anima o instrumento
não o contrário

e assim?, pergunto mastigando carne e palavra
segurando meu garfo e encostando em seu peito
com a outra mão

é confuso, despencando os olhos no prato
colocando na mesa o sorriso garoto e
entupindo a boca de arroz com feijão

ressonâncias

se gosto dos paralamas
gosto sim já gostei mais
se conheço aquela música da gramática
dizendo verso a verso sem cantar
conheço sim cantarolando
até a parte que me afasta
da canção

se ele sabe onde é isso
que não se deve meter poesia
sabe sim com suas palavras im-próprias
que é no texto corrido-sem-verso
ao que não digo que sim nem pergunto
onde aprendeu sobre a cisão apenas
cirzo silêncio com sorriso
ao que ele acusa surpreendido e me dá a conta
mamãe, você é louca
ao que meu avô, falso profeta
gargalha e grita de alguma janela dos fundos
enquanto aproxima indicador e polegar
oferecendo um trago novo daquela velha água
que passarinho não bica:
un poquito, filho, *un poquito*

carícia

pelas superfícies sem contato
procurando atrito

luminosa manhã

pelo retrovisor sem prever
a face constrita
o pescoço que recua
humilhado
ao toque seco
do tapa inaudito

depois o gesto
que discursa
na luz diurna
o punho arranca o ruído
apaga o lustro
da letra que aprendia

noite

silêncio
                    só
sobrando

a gostos

é bonito sim o céu
e a cidade rescende
o pós-abate
a fuligem se deposita
e deve vir de uma pira próxima
onde esqueceram um resto
de cana de doce de trapo de carne
uma pós-pira grisalha e macia
que esfria enquanto cai
e cinza incensa a curiosidade
sobre o corpo que definha
para o inverno cheirar
a funeral de bosque
fazendo chover
essa garoa caliginosa
em toda via

interdito

> *Há um fluxo sob a terra,*
> *que em nós não retesa.*
>
> *Há um fluxo sob a terra,*
> *e nos ossos, leveza.*
>
> Ingeborg Bachmann (tradução de Cláudia Cavalcanti)

ímpia

caio, lembra da ruskaia
aquela, que não escapou do tiro
encarar assim a bala
será que a gente evita ainda
essa pergunta maldita

estou apagando as linhas
para contar a volta
que não contorna o abismo
chamam de passagem ao ato
caio, e é sem rito

na catequese, lembra
era ela sempre a mais safa
e desafiadora e bonita
ela me deu aquela pulseira de couro
ela deu cabo na sua agonia

disseram que foi depois do filme
tinha um cabelo longo negro liso
a ruskaia parecia uma cherokee

perto dela eu me sentia tão neófita
aos doze anos, kaio, se você não é neófita
você é o quê

acho meio doentio
isto de me dirigir a você e ir me aproximando da notícia
do dia em que cheguei em casa arrastando a mochila
e me larguei no sofá com fina estampa
era meio-dia de 1994
uma tarde cheia de espanto
e cucurrucucú paloma

faz tanto tempo que ela escapou da comunhão
e me deixou para engolir a hóstia
sozinha

kaio, agora já não lembro, a ruscaia
morreu foi com bala na boca
ou no ouvido

oui oui

o bom de conversar com os mortos
é que não precisam me responder
nem preciso supor o suor a soberba
o estupor de sua carne para cima
de mim

(morto não é silêncio
é o peso do mundo que finda
para começar de novo comigo
: vai seu peso morto
de outro que não tem mais fim)

o bom de conversar com os mortos
é que eles sempre retornam
de uma protuberância invaginada
para me abrigar sem os reduzir
à míngua

o bom de conversar com os mortos
tem a ver com a leveza
de um fundo grosso e opaco
que me ajuda a su-portá-los
esquartejados do amor que tem parte nonada e
no sim

lápide

uma rua termina
na explosão vermelha
de um flamboyant parrudo
que insiste em ser teto
para a praça onde o trânsito
não para e crianças limpas
arrastam lancheiras recheadas

às sete, a praça queima
e no rasgo frito do dia
e às cinco horas mornas da tarde

quase nunca a atravesso
e quando o faço sinto
macerar outra vez a *hermana* carne
que uma noite rasgaram ali

varrem as folhas reformam a praça
contornam o tronco deixam a árvore

e por mais que tinjam a hora fria as bochechas rosadas
fios de sangue na sarjeta ainda esperam o amanhecer

engaste

ninguém remove
o cadáver
da pomba na calçada
mesmo a chuva
em seus dias de pano
se limita a limpar os carros os prédios
as pegadas

em dias de alagamento
a água de pomba morta
vem entrar pelos sapatos
acumular na lateral das unhas
penetrar as solas

em dias de alargamento
entra e encontra a mina
de água-poça
entra e contamina
de morte
de rua
de fora
o peito rijo

o cadáver engastado no cimento
gasta-se conforme rotinas e rotas
assim, ninguém se apropria
do sumiço da pomba

há dias na calçada
exalando morte

a bolsa e os sacos pretos com brasão da prefeitura
são para as folhas secas
e para quem (se) importa

outra paixão

vive um besouro em meu batente
no batente do banheiro do meu quarto
aponta toda vez que sento e me mostra
as antenas pelo furo da madeira da porta

nunca sai
o deixo
nunca sei
se por desleixo
se para a gata

dia desses, o vi
todo regateiro zanzando de fora
entre roupas sujas e sapatos
amassei-o sem titubeio

ontem, no lugar marcado
ia sentir remorsos
quando da fresta as antenas apontaram
hastes pequeninas movimentos nervosos
verdade seja dita, depois de tudo
ainda não sei lidar com órfãos

sigilo

entrando sem bater
especulando a maçaneta
esbarrando na culpa

de portas trancadas
as letras truncadas
nem sempre retrucam

à mesa, só o silêncio revém
do rosto cerrado em copas
o segredo das portas não tem zíper

a mesma lei de madeira das tumbas

alinhavos

Aprendo com Murilo a dobrar a pauta pelo fraseado.

No sobressalto, vendo a queda
tento enfiar um ponto, ou dois, em cada linha da estrofe.

Às vezes funciona:
João gostou da Penélope.

Às vezes ainda leva três a quatro voltas:
Sonhou que perdia muitos homens
e o método de desfiar a mortalha
ele aplica para o prato com as sobras.

É um menino todo azul.
Só faz perguntas de margens.
Esmaga meu peito diariamente sob a sola.
E já lamenta que o mundo seja tantas vezes
tão pouco sobrenatural.

queima de arquivos

é perto e é longe
como no dia em que ela deu com o chicote
nas costas dos menores e fê-los costurar
o colchão puído

não, ela disse, eu não me lembro
de nada

para a brasa faminta
tudo é cinza
espaço deteriorado

em hiroshima, ela disse, eu me lembro
não, você não se lembra de nada
sim, insiste
e com a boca se desfazendo   seca
arruína o pó que já-era
        falta

na trincheira que nunca
passou de destroço
escoram-se pouco
                asco & áscua

casa-mata

                        para as *soluções urbanas* in-
                        adequadas e os *marcos* nada
                        extraordinários nas dobras da
                        paisagem descolada dos
                        degraus e ressecada na massa
que as solas mordem e envelhecem
junto antes de se darem as novidades
com os incêndios pelas nascentes
soterradas no cinismo das palmeiras
enxertadas

                    as solas têm dentes e
                    abocanham a cidade
                    arrancam o antiderrapante
                    dos andares deixam rasto
no chão do paço onde grava
mensagens aos ausentes
escuta na própria voz as
notícias agravam como
se já não fosse tarde demais

bras-ilha

> *Brasília fica à beira. – Se eu morasse aqui*
> *deixaria meus cabelos crescerem até o chão.*
>
> Clarice Lispector

depois da série das mulheres
pensar o homem
sério & célebre
o homem que não quer
falar
o homem que só
fala

falo
do côncavo e do convexo
querendo achar ou inventar a cidade onde
pensar e gozar seja livre
e mais legal
entre o convexo e o côncavo
nada mais furado
que o fluxo dos eixos
cortados pela lâmina
da hospitalidade perdendo
o coração estrangeiro
nas vias rápidas

aqui, só se fala o impossível
entre uma e outra asa
        penso
           o corpo
      querendo abrir o lugar do uivo sem quebrar a espinha

enquanto isso, a primavera
bougainville maravilha
explode sobre o cinza
há uma cor que freme no concreto
a cidade não se dá

catanadas

todo o trabalho por fazer
e o miolo aberto na mesa atravessado pela lâmina da catana
essa arma negra
recebendo mal a sombra da lua
que o eduardo acrescentou
ao rol das brancas

manchas lavadas na saliva
convocam a ver o dorso retalhado da semana
cujo saldo de vítimas pelo vírus no país
é de -1.349 corpos/dia

notícias sobre uma sinhá contemporânea
ressuscita o caso da vara
e a gente se pergunta o que pôde o gume do machado
pela criança da mucama

contamos:

"mamãe, é verdade isso que estão dizendo
que a polícia matou com o joelho um homem negro nos eua?
o j.p. disse que não concorda,
mas também não é motivo para vandalismo"

(nossos talheres raspam o fundo do prato
e a imagem d'escrita por alejandra
é a da procura dos membros

queimados e indistinguíveis entre
as cinzas)

"mamãe, eu não sei se estou certo ou errado
mas respondi que os negros querem
que os brancos sofram na pele o que eles sentiram"

(ciscamos distraídos)

é mentira
que não posso respirar como afogada
abro as guelras submersas enquanto
devolvo o galheteiro a quem pediu o sal
para jogar na terra

sei que não é comum essa imagem
da catana pintada por isabela
mas quando levamos à boca o último *trozo* de carne
é com essa imagem
que me vejo catando as partes
como se habitasse o sonho sinistro
de alejandra:

Como sobrou nada, a não ser os cepos brancos em putrefação, pediu que lhe abrissem uma cova no chão, onde enterrou o coletivo de homens e filhos e animais, todos irreconhecíveis. Não interessava quem era quem. A vida tinha de continuar, e continuou.

furo

ante o corpo hirto do pai
sem quadra nem redondilha
quis saber como era amar
tanto quem não entendia

ponto-furo, outro

venta na água dos mortos
suspende a flora podre
à venta temblorosa
da borda

o tombo do jambo perturba
o leito das folhas
mexe o leite turvo arrasta
a nata

círculos do umbigo na solução
parada

rubro sobre o negro
o fruto boia com a marca
branca da bicada
faz supor macilento o
de dentro
fora
aquilo oblíquo no sistema transitório
qu'stala

enxertos

*Embora estejam envolvidas, ambas, numa dança em espiral,
prefiro ser uma ciborgue a uma deusa.*

Donna Haraway (tradução de Tomaz Tadeu)

muda

um enxerto preenche renova restaura

incisão por dentro
naco de tecido estrangeiro
ferramenta exata

um enxerto é solvência
extirpação da gangrena
e acima de tudo coisa farta

se bem-feito molha
se descuidado engorda
se perfeito encharca

fishing

é a asa presa que solta
só canto preta
e é instantânea a escápula
esquálida distópica e esguia
de portman

profiro

preferiria só dizer sem re-ferir
mas a palavra inseta
sai do arco e se reparte
vai viver flecha a vida
insondável das parábolas

cai do outro lago

no fogo cruzado
enunciados se embaraçam
as cabeleiras decantam
no fundo dos buracos

retificar é re-agir
arranco o arpão sem suturar a farpa
retiro as penas sem mover os ossos
debulho escamas deixando as brânquias
intactas

abrindo mão do molho
o feixe ou dissemina ou dissolve
solto o anzol, devolvo o peixe à água
eu sei você todo mundo sabe
desiçar o beiço não reforma o corpo
apenas
é o melhor que nada

maulla

ter um método, ater-me
ver crescer os pelos
arrancá-los
variar vendo o pelo cair
depilando o ralo
depois, descascar as páginas
contornar a cama toda santa madrugada
(as insantas também)
transigir diariamente
com as aderidas roupas do alho

ter um método, ater-me
sonho antigo
de me ter sem barulho
abafar rangidos nos labirintos
do crânio dentro do aquário
eu sei, o mar
tem um gemido exclusivo
que aprendi a ouvir do árido
mergulhando os sentidos
na água suja do vaso

pendiente

deixei em buenos aires
um brinco comprado no rio
penso ter sido lá bem justo
na maçã
entre a 9 de julho e a florida
quando arrancava a jaqueta encalorada
e segurava os tickets da visita ao teatro
que não fiz da primeira vez
que lá estive

buenos aires agora tem mais prata
ficou com uma coisa minha
nada me faz menos estrangeira
esse acaso não nos aproxima

se deixo a dívida pendente
é pelo intento de cobrar um dia

biblioteca

queria uma jiboia
a gata pode comê-la
queria uma jiboia
a gata não pode comê-la
queria uma jiboia que advertisse a gata
sobre seiva hostipitalidade
& veneno
queria uma jiboia e opto
pela pré-potência da onça
dormindo na prateleira

deslize

> *fico sonhando com*
> *a viagem a um país onde a*
> *língua seja vértebra*
> *sobre vértebra*
> Angélica Freitas

torço retorço procuro
e nunca vejo
só às vezes
espremo o caroço
e desfruto do caldo sumarento
da isca

torço e é pouco para soltar
da cordilheira massiva
torço a corda bamba
tensiono a linha
sem soltar o anzol
sem medo de borrar
a margem regradeira

torço para voltar a falar
a língua que não inventei
porque ocupada demais
em missões destrambelhadas
apreendendo a pronúncia perfeita

a mulher não existe

A mulher é uma construção
        vai   pensa
           pensa   vai   queer
                  quer
(aqui não cabe enxerto, nem ajuda do google)
começa na página 43 não marcada
antes muito antes
começa na definição de boa mulher
começa na capa

lindo como a poeta descasca e dá a ver
o reboco da parede no gesto à contraluz

¿sabia, querida angélica, que o reboco também evita chagas?

A mulher é uma construção
(nem que para isso cubra cabeça e panelas com uma lona preta
para drenar a água de dentro
com um balde)

sob o reboco
A mulher não existe

o tijolo não é A mulher
a parede não é A mulher

A mulher é uma construção

ruína e canteiro
de obra não-toda
acabada
                        de andaime
            em
andaime
                        podendo sempre
                        e a qualquer tempo
                        cair
a mulher envém

mulher-árvore

sendo ipê, a cabeleira não enche
o frio árido arde nas narinas
o tronco engrossa as flores
secam ao pé
de mim

sendo ipê, perdi os pés
aterro tentando aceitar os polos
que fazem meu corpo dis-
-junto buscar simultâneo
sol e solo

haviam me prometido
luz silente e farta
esperava um tapete de pétalas
      uma colcha de estrume
dedos descobertos e nenhuma necessidade
nessa parte do ano
pretendia dormir

um dia quero ser um pé de ipê,
disse simples
e bebi de suas cores
adubando as raízes

um dia, disse, quero ser um pé de ipê
e inclinada para estancar

a sangria da seiva, caí com galho
ambiência fria
as perdas da copa

agora assisto à morte
das espécies delicadas
quando escolhi a mutação caducifólia
pensei só no viço e
agora aguardo no focinho a brisa amena
um dia, quero ser uma trepadeira

contíguo

> *Nudez total! Todo prazer provém*
> *De um corpo [...]*
> John Donne (tradução de Augusto de Campos)

put down your luggage
relieve your overwhelmed shoulder
calm down, come over
me come com
a mão errante
a nuca o corpo a concha
como quem
procura acústica
com tato ou sonda
um lugar nenhum
come along aqui atrás atroz
em cima
embaixo
en-(onde comem dois)-tre
comeum

o movimento explica a forma

*As evoluções que faço pela cena
quando coberto
pelo poemanto não aspiram
à condição de dança.
Embora não deixem de lançar
uma interrogação acerca
do que é, afinal, a dança. E sobre
quem pode dançar
(pergunta insistentemente repetida,
nas últimas décadas, por muitos daqueles
que têm a dança como ofício).*

Ricardo Aleixo

metonímica

jeito de corpo esse
de armar a trama onde a palavra
tomba na matéria emprestada
não finda

recebe colo peito lambida
não morre inane
e faz rebarba
e tomba
e quica
     cai
ondula no colchão de água
rebenta sobre a cama
e molha ex-
puma avezinha

quebrar copos

quebrar copos como
procedimento para
não entornar o caldo
a evitação do óbvio
a veneração do falo

quebrar copos como
prosseguimento e contiguidade
sem tranco do punho
ao vidro e
estilhaço

quebrar copos como
apuro redução e compostagem
o fermento
fétido do desastre

quebrar copos como
quem recruta ao mosaico
reúne o que nunca fez
parte

como se perdoasse pela
opacidade agora
e na hora luminosa
do baque

como se relevasse
o polimento bruto
que fez do brilho
embaço

como se acordasse
pedindo água ar
ou talho
esperando
por quem raspa o fundo do requeijão
como se amas-
-sasse

escápulas

no bolso posterior embutido
repousam despojos
dunas encruadas
e rangentes em inadiáveis
deslizamentos anunciam
o parto superior inexequível
placas calcificadas de dejetos anorgânicos impalpáveis imprecisos
abrem-se para a passagem
de uma gestação tectônica e inter-
rompida

rio

violência achocolatada
resvala e escolta
o tronco intransigente

rijeza dormente e alegre
reúne os membros
e deságua

corpo sem templo
a um só tempo
esbulho e paga

coraticum

a vida, o que ela quer é
essa atitude
do coração no pulso da língua

saber que é perigoso parar no verbo
e acrescentar só o suficiente para manter
a linha

tesa e exposta ao risco de ser vista
na madrugada de uma cidade violenta
onde um dia mascaram na tesoura
sua estima

agora quer dizer alto
                          lá

é que só às vezes
um retorno é possível
désobéissance teve de ir ou-
vir noutra língua
para fazer dos trapos um con-
                          sentimento
de imaginá-lo sob as vestes
                          semideuspido

chiaroscuro

alvorecer anoitecer

no *ballet*
de movimentos invisíveis
paletas alastram cores
em *demi-pliés*

ocasos e auroras

esparramados
sóis ensinam sombras
a contentar com laivos
degradês

tigre de papel
(sob o impacto da película Um tigre de papel, *de Luis Ospina)*

Mas o que é esse sujeito sem corpo que aparece nas dobras & rasgos de conversas fiadas, esse cara que troca dinheiro no bonde e pode estudar no trabalho, O entrevistador choca o entrevistado ao revelar que o menino virou artista, ¿Artista? Sim, artista, Com aquela morte, entra para o Partido, que recruta jovens e entrega-lhes uma cartilha da arte engajada, Pelo Partido, vai à China, mas se esparrama até a Romênia, visita a casa do vampiro, ama uma mulher para o resto da vida e a abandona no dia seguinte deixando uma flor um bilhete uma filha, Arrasta um saco de batatas e convulsiona se alguém as atinge, A baba só para ao morder uma tira de couro da sandália pela mão do amigo, ¿Pedro Manrique Figueroa tem amigos? Recortar e colar é seu jeito de corpo, E não sendo exatamente bonito, inventa uma conversinha envenenada que abre portas & pernas por onde passa, Poderia ser tomado por lunático, Pensando bem, não escapou ao epíteto, Mas, pode que a loucura reverbere, mesmo sem fazer sentido, Ele passa, Quem é esse sujeito tão amado, que fode com t-o-d-a-s as letras de Rosa Luxemburgo – primeiro em azul, depois em vermelho – e topa o realismo literário para escrever sem a cartilha, Deixa uma pasta de colagens para a posteridade, rasgos do mundo reinventado, Pedro mente na universidade sobre o curso e a matrícula, Assíduo de cafés e discotecas, faz da funerária o gabinete, De lá, perscruta a morte, alimenta-se e recebe amigos, Pedro Manrique não se banha e come a inglesa mais bonita sem falar uma palavra em sua língua, Ela que desembarcou na Colômbia para ver limoeiros e nunca os encontrou, mas achou Pedro e disse que contornou com a ponta dos dedos o seu corpo inefável de papel de afiches, Quem é esse sujeito recortado e sem registros que escreve poemas e que ama, que vende os textos nas praças e acha quem compra, que extrapola todos os limites com a colagem da suástica e é expulso do Partido, Mais maduro e chacoalhado, Pedro se junta aos hippies que foram acolhidos pelos beneditinos, Como de costume, também se cansa do amor incondicional e retorna à guerrilha, Com a verve de seu corpo dissipado, ajuda a pintar o grande cartaz, ama outras mulheres, abre um restaurante, onde introduz na culinária um prato definitivo, Ama outra vez, mete-se na Amazônia entre os mórmons e os indígenas, Manrique mastiga um coração em cena e recorta o mundo porque entende que, unindo os pedaços do seu jeito, pode torná-lo mais compreensível, Ou porque acredita que com a colagem nos dá a ver, apolíneos ilustres, a falta que faz um recorte menos justo, ou, pelo menos, menos cínico, Onde está esse sujeito que se propõe a falsificar dólares verdadeiros sonhando entrar nas entranhas do tigre e mastigar por dentro o inimigo, O que é esse corpo que se entrega ao museu dizendo estar deixando sua obra e, enxotado pelo porteiro, desvanece estando vivo, E essa múmia, esses vestígios do corpo pulverizado, Essa garra, Pedro, terá havido?

ensaios acéfalos

(após a leitura do poema "escolha", de Ledusha Spinardi)

> um ser que me faz rir porque é sem cabeça,
> que me enche de angústia porque é feito de inocência e de crime.
> Georges Bataille (tradução de Fernando Scheibe)

perder a cabeça

...5, 6, 7, 8, e
braço
piruetapliê
incluir a cabeça
perder

o esterno conduz
estranha dança
afetada pelo peito
o peso do crânio parte pedra
sem arruinar
o monumento

nunca perder a cabeça

a metade do peso são pelos
e nunca param de cair

no chão, o comando
desfeito em riscos que passam
pela agulha

nenhum tricô fica bonito
depois de desmanchar uma vez

delira a dança das mãos
na cadência teimosa de estimular
e de varrer

perdas imantadas rodopiam vivazes
livres de todo pente toda ordem

não ter cabeça a perder

escutar com o folículo piloso
com os poros do tecido
que recobre sem somar

disseminar o corpo, essa unidade
que nunca foi
cortar o compasso com sentido

:::::nota:::::

na costura intersticial
o desconjunto se move
em bloco a evidenciar a perda
que funda
dá vista ao   vão
do riso à bunda

o movimento explica a forma

primeiro, estende a mão
trava & alavanca

                                            peso
                       contra
                                            peso

tudo começa com um sim

pede o dedo
dá a linha
        reza o terço inteiro
            começa com um aperto
            de mão bobo tira
            para dançar
            e
            n
            f
            i
            n
            c
            a

linóleo

1.
Alguém se contorce na coxia
                      está agitado,
                      apreensivo.

Assustado. Esguio.
Seus olhos gritam o contrário
das suas bochechas côncavas intramordidas.
                André Ribeiro
                  é famoso por mijar
                                  (ou quase)
                                        na botina:
"MERDA", é a ventura que temia
"quero fazer xixi, será que dá tempo?", pergunta ao parceiro
                                                detrás da coxia
"migo, é agora, não dá mais pra fugir, Fudeu", e recebe em consolo:
                      "BEM MULHER, silencia e se olha
                      faz a pausa"
André se pendura na contagem, "como é mesmo
                                        aquela parte
                      depois daquele braço,
a perna é no 7 ou no 8?
                      E o salto, é no 6?", pensa às 21h31min54s
"Eu não sei", pensa
                às 21h32min
"Eu não sei", pensa
                às 21h32min35s

"Eu não sei", pensa até
                    as 21h44min, quando um ombro o arrasta
para o meio do palco e ele dança
                    sem pensar.

2.
1,57m. Em pé,
sisudez e concentração falsas
vigiando o palco, a luz
             há tensão
                    e alvoroço.
Isabela Travassos dribla a candidíase
com o semblante postiço e tenta ser agradável
depois de passar o ensaio inteiro perturbando
e insistindo em fazer a Garbo. Solta esse sorriso
maroto prazamiga:

"Merda, meninas, as pessoas vieram aqui para ver vocês errarem!"

Entra tropeça se estabaca no palco.

3.
Ana Maia Coelho
segura firme com as duas mãos
a mão da bailarina novata
                        "pise
                        com o pé
                              direito
                        no palco"
diz olhando-a no túnel dos olhos.

Depois, vira-se para o corpo
de baile procurando uma cara disposta
a viver sua pré-tensão
e colaborar com a velha bravata:
"eu passei a minha técnica", diz
convicta.

Com exceção da caloura, todos sabem
que se refere ao perfuminho
que usa para minimizar o ardido
dos fluidos trocados no palco.

O que Maia não percebe é o quanto preferem o
futum do seu sovaco àquela essência artificial
de bumbum de bebê.

4.
Do outro lado, ao fundo
Gabriel Silva tenta esquecer
a separação
alonga e começa a oração sem procedência
que acha bela e potente:

"Liberto-me de todas
               as fronteiras
               crenças
               estruturas e
               limitações."

               (Fecha os olhos e lá vem Tatiana
               bela assombrosa traíra)

"Sou verdadeiramente livre."

As pálpebras cerradas não retêm as duas lágrimas
que escorregam juntas pela face e se abraçam
embaixo do queixo contraído.

"Trago a energia da liberação a todas
                        as áreas
                        da minha vida
                   que precisam
                   ser preenchidas com
liberdade.

                        Acredito que tudo é
possível
                        e que eu existo em um universo
ilimitado."

) afasta os cílios (

Tatiana ainda atravessa por dentro
úmida deslumbrante em carne
viva.

"Dissolvo todas
            as formas-pensamento
            de derrota
            e hábitos
            que me tiram
o poder."

"Deixo ir ou abro mão de qualquer
                                coisa que me
impeça
                                de fazer
brilhar a luz!"
"Evoé, Evoé, Evoé! BACO!"

Engole o choro e entra
sambando sem querer.

5.
Respirando para se acalmar
a moça que perdeu o ensaio e entrou agora
explica que o padrasto chegou bêbado e
não podia deixar a mãe sozinha
com ele.
Por sorte o segundo ônibus passou logo
e Dani teve tempo de se trocar no teatro
amarrar os dreads como gosta
ir até o centro da cena para
ouvir sua respiração.

Dani Borba escolhe um lado da plateia
para figurar a presença
da mãe.
Sem interromper ninguém
balbucia uma frase para cada membro do elenco:
"somos foda pra caralhooo"
"força na perucaaa"
"quebra tudooo"
e a última recolhe para si:
"seja perfeito, se não for de um jeito, será de outro; mas, perfeito."

    Incendeia palco coxia camarins público devoções entulhos.

6.
"só tenho dois ritos para entrar em cena
cagar & fumar", disse Antônia Velloso para a jornalista no dia anterior.

"...além da tradicional corrente (círculo de mãos dadas) e dos abraços...
Não sou supersticiosa e não gosto de papo na hora de entrar."

"Tomo gatorade
                como chocolate
                              engulo uma cápsula de guaraná."

"Abdominal é sempre, né, meu bem", respondeu ácida
à pergunta sobre a barriga negativa.

"Ah, 3 batidinhas no chão do palco
antes e ao terminar."

Últimas palavras registradas de Velloso.
O resto foi silêncio grande e grave
como o caminho do vento desenhado no ar por suas mãos.

7.
Clarice Borba.
Estrangeira convidada para (en)cobrir a falta
da bailarina desaparecida.
Veio instantânea e emergencial do país sudeste
onde fora a revelação do ano que passou.
Só dança solos.
Nunca participa de ensaios.
Chegou em cima da hora
metendo a ponta na porta.
Não viu ninguém.
Não falou de ritos.
Passou do aeroporto ao palco
e abandonou a cena em meio à ardência
dos aplausos.

quando o centro é margem

quando o centro é a margem
da margem
um quinto vai à metrópole
o restante aos emboabas

ainda agora
um rebite fora do eixo
um peixe fora da água

com os cílios vermelhos
da munguba
é preciso suportar
a ardência por dentro
das narinas e
em caso de ressecamento
ajuda muito lembrar
a orla

o desprezo aumenta
a vontade de fugir
e superlotar o mar
para comprar na areia
as espigas taxadas em dólar
e o desejo de inundar o continente
até o centro virar costa

não, não viraremos as costas
quando se der
o derretimento completo das calotas

sem ressentimento, as feridas
cicatrizam mais rápido
embora saiba: toda cicatriz é gambiarra

isso de não querer saber
é descoberta
do século passado
mas só agora vejo que ana c.
era adepta dos navios
seriam da mesma fábrica as embarcações
que alejandra largava?

para minha antologia
conclamaria as marinheiras
as ribeirinhas
as calangas
as focas e as garças
em última instância, usaria o mapa
mesmo assim
com aquela dobra que möbius encontrou
ainda no século XIX

mudra

recluso o corpo
meio que desaparece
só a mente maquina
em moto-contínuo

o resto é estômago
e queda

falta sol
falta exercício
falta o espaço do caminho
ao espelho que diga:
esta é você
que está aí-
-nda

vontade de mover é
vontade de corpo
chance
de jogar energia
às extremidades, como sugere a moça
na invertida

há que mover
as pontas
bater as palmas &
panelas em tampas

inoxidar o ar
e plantar bananeiras
com os pés sujos
na cortina

há que pulsar
o que se perde
para o inerte
parar de anestesiar
só o vivo dói
morto tende ao contínuo

há que acariciar
a calçada
com as plantas
até queimar os tendões
sair para ver as araras
sempre que impossível
e reverenciar sua cor
subir valente no dorso
do seu grito

da natureza metálica

metal incandescente
              não cobre
metal plutônico metal ardente
absconso na rocha que
previne o transbordamento no choque

metal in-
      -can-
           -descente
sente a ponta na
perfuração da crosta a-
            -bafa
        sopro sobre o magma
        ígneo desígnio meta-
        -mórfico

deixar que respire
ver como desloca
centro incendiado
cinza que descobre
faz jovem

metal incandescente
núcleo ígneo coisa mole
move-se pelas galerias
molda-se às *oquedades*

metal incandescente
rútilo visco
metal indecente
risco
que trans-
      -borda nessa experiência de laboratório

metal incandescente
imagem inerte
da natureza pulsada
espelha a labareda
iridescente
      árvore prateada
massamorda

nota da autora

O poema "efeitos gastrulatórios" é uma bricolagem. Os fragmentos que o compõem foram extraídos e adaptados de vários textos: uma matéria publicada no periódico *El País Brasil* em 12 de junho de 2020, assinada por Nuño Domínguez; excertos do conto "O ano em que nos tornamos ciborgues", de Olavo Amaral, publicado no *Dicionário de línguas imaginárias* (2017, Alfaguara); minha tradução livre do poema "Destinatário", de Tamara Kamenszain, em *La novela de la poesía* (2012, Adriana Hidalgo); algumas falas do filósofo Jean-Luc Nancy para o filme *Vers Nancy*, dirigido pela cineasta Claire Denis; e uma declaração emblemática de Donna Haraway presente no livro *Antropologia do ciborgue: as vertigens do pós-humano* (2013, Autêntica), organizado por Tomaz Tadeu.

a língua do enxerto

por Eduardo Sterzi

O horizonte filosófico deste novo livro de Fernanda Marra se deixa surpreender a partir de suas epígrafes iniciais, de Jean-Luc Nancy e Hilda Hilst, e do seu poema de abertura, "efeitos gastrulatórios", o único situado, preambularmente, fora das cinco seções que o compõem. Trata-se de um poema elaborado por meio de uma montagem ou colagem de citações – e, em nota, a autora detalha suas fontes, entre as quais retorna Nancy, ao lado de outra filósofa, Donna Haraway, assim como dos escritores Olavo Amaral e Tamara Kamenszain e do jornalista científico Nuño Domínguez. O conjunto pode parecer heterogêneo, ainda mais se levarmos em conta a natureza diversa dos textos referidos, que incluem, junto a reportagem, conto, poema, ensaio, até as falas de Nancy num filme. Porém, logo fica evidente que uma questão comum liga todos eles: questão que, no léxico sempre algo publicitário das periodizações histórico-filosóficas *in actu*, das viradas teóricas, das modas conceituais, seria a do *pós-humano* ou, formulada com um pouco mais de precisão, a do *pós-humanismo*.

Vale lembrar que Jean-Luc Nancy – e o texto citado na epígrafe trata exatamente disso – experimentou essa questão no seu próprio corpo, por meio de uma das formas concretas (isto é, não restritas ao pensamento) de superação do humano-como-nós-o--conhecíamos: por meio de um transplante de coração, realizado no início da década de 1990. É este – o novo coração – o intruso por excelência, que lhe permitirá pensar, bem mais amplamente, a própria figura da intrusão, essa irrupção sempre violenta, mesmo quando, no decurso ou ao fim, alegre, de uma força estranha e estrangeira, com todas as dificuldades da adaptação e da naturalização, num corpo concebido até então como próprio. E assim acontece com indivíduos, mas também com cidades e com países, com todas as formas de comunidade e sociedade, com as histórias e as geografias, com as filosofias e demais configurações de pensamento; e não menos com as artes; e não menos, entre estas, com a poesia.

Faz todo sentido, portanto, que, ao lado de Nancy, apareça, já no pórtico intrusivo do livro (afinal, são palavras *alheias* que constituem as epígrafes, e palavras alheias que, não por acaso, falam de *alheação*, de *alteração*), Hilda Hilst, essa fabulosa poeta-pensadora das ruínas do pensamento, menos filósofa do que teóloga[1]. E que ela apareça a se perguntar sobre a existência e a consistência do corpo, sobre sua propriedade e sua impropriedade e, especialmente, sobre a *linguagem* do corpo. Fernanda Marra fez suas essas perguntas, isto é, carregou-as para dentro deste corpo textual que

---

[1] Sobre Hilda Hilst teóloga, é preciso lembrar que seu Deus é assim definido: «Uma superfície de gelo ancorada no riso». Ou seja: dizer que ela é menos filósofa do que teóloga significa, nos termos de sua obra (mas também nos termos deste *furonofluxo* de Fernanda Marra, cujo título pode ser lido como uma retomada – e uma alteração – do título do primeiro livro em prosa de Hilda Hilst, *Fluxo-floema*), dizer que é menos metafísica do que física, menos linguista do que médica, menos cientista do que mecânica, menos trágica do que cômica, e assim por diante.

agora oferece aos leitores, não apenas para torná-las coisa própria, mas, pelo contrário, para manter esse novo corpo em estado de abertura e de transformação. É a essa interceptação do pensamento pela linguagem, do horizonte filosófico (o que alguém quer ou pode pensar) pelo chão poético (o que alguém está dizendo, mesmo que, a rigor, não queira ou não possa), que assistimos em múltiplas versões ao longo das páginas deste livro.

Aqui, os horizontes, não só o filosófico, como que desmoronam, trazendo consigo, para perto e para baixo, as habituais divisões que comportava. Como distinguir – neste tempo de emergência, em que o pensamento se confunde com a experiência do mundo, encarnando e incorporando tudo aquilo que insistia em se manter à parte (ideias, formas, palavras) – os limites entre corpo biológico e corpo textual? Ou ainda, como discernir, no jogo de recíprocas e incessantes metaforizações que, antes mesmo da poesia, a própria linguagem instaura entre um corpo e outro – entre, na verdade, todos os corpos (humanos, animais, vegetais, minerais, artificiais, espirituais, textuais etc.) –, o que serve de metáfora para o quê?

Como diz um verso do poema "acabamento": «a mesma língua nunca é». *Nunca é a mesma, nunca é o que é* (está sempre fora de si, intrusa e errante), mas também, intransitivamente, radicalmente, *nunca é*: indecisa entre corpo e linguagem, a língua faculta ao poeta, nessa ferida incicatrizável que é a boca (e que a mão que escreve persegue e abs-trai), a experiência do não ser – que participa, a um só tempo, da morte e da ficção[2]. E, de fato, a complexa relação entre o corpo e a linguagem se deixa condensar pela palavra *língua*

---

[2] E esta é, não por acaso, uma poesia que está sempre à beira da narrativa, mesmo que não seja, pelo menos na maioria dos poemas, propriamente poesia narrativa. Assim como é uma poesia à beira do humor. As vozes que ouvimos em vários poemas não coincidem com a da autora – a não ser na medida em que uma autora é, a rigor, uma médium a receber e transcrever vozes alheias. São personagens que nos falam – que nos dão a conhecer suas vidas, mas sobretudo seus corpos, a partir de episódios exemplares.

na sua dupla referência ao órgão e ao idioma. Mas essa, é preciso recordar, é uma falsa bivalência, ou uma bivalência em colapso, isto é, uma *ambivalência* no mais abrangente sentido deste termo. A palavra *língua* não se refere a dois objetos realmente diversos, mas a algo como dois patamares, a rigor indissociáveis, de um mesmo acontecimento: o acontecimento da linguagem – ou, para ser mais exato, o acontecimento do *corpolinguagem* – que compete justamente à poesia, sempre de novo, revelar e glosar.

Essa revelação, no entanto, não se dá, pelo menos neste livro, por meio de nenhuma integridade ou plenitude da palavra (ou dos gestos corporais); pelo contrário: sua forma recorrente, ainda que em alguns poemas incidental, ou mesmo acidental (como se estivéssemos, por vezes, diante de erros de digitação, ou de falhas do código – genético, alfabético etc.), é a fragmentação e a remontagem das palavras, com o deslocamento e o consequente realce de letras e sílabas, que funcionam como *enxertos* – as palavras emergindo dessas operações como corpos contemporâneos, isto é, como corpos híbridos, ciborgues, transformistas. No poema "muda", acha-se a chave para tudo isso: «um enxerto preenche renova restaura».

Não se depreenda, porém, dessa atitude qualquer fácil entusiasmo futurista, ainda que esteja sempre presente algo como uma tecnofilia mais radical, justamente por colocar em questão o progresso: afinal, um embrião já é, a seu modo, um objeto técnico, já é um intruso, um enxerto, a exigir uma nova lógica e uma nova língua. Por exemplo, diante do médico que anuncia não fazer «parto de índia», a mulher passa a se fazer examinar por uma «raizeira / com chancela». Em outro poema, lê-se: «também comprei óculos maiores / para enxergar melhor a catástrofe». E: «considero bonitas / as formas de estagnar». Quem não consegue enxergar a beleza de algumas formas de estagnação (por exemplo, o poema na página, como resto e testemunho da poesia que já seguiu adiante, mas que deixou ali parte de sua energia) talvez não compreenda a potência revolucionária de uma figura como a «mulher-árvore» que dá título a um poema – e que, porém, aspira agora a, «um dia», «ser uma trepadeira». Aqui está sintetizada a força do que se deixou conceber como um furo no fluxo: como um paradeiro, como uma vazante, como um redemoinho na ponta da língua, isto é, no centro dançante do corpo.

Eduardo Sterzi é escritor, crítico, professor de Teoria Literária na Universidade Estadual de Campinas (Unicamp) e pesquisador do Conselho Nacional de Desenvolvimento Científico e Tecnológico (CNPq).

fotografia: Rafaella Pessoa

sobre a autora

Fernanda Marra nasceu em 1981, em Goiânia. É mestre em Letras e Linguística pela Universidade Federal de Goiás e doutora em Teoria Literária pela Universidade de Brasília, com pesquisa sobre a obra da poeta Alejandra Pizarnik. Em 2019, publicou o livro de poemas *taipografia* pela martelo casa editorial. Seus poemas também podem ser encontrados nas revistas especializadas de literatura: *Cult*, *Escamandro*, *Germina* e *Ermira*. É servidora pública, psicanalista e, sempre que pode, oferece cursos e oficinas de escrita.

1ª edição [2023]

Este é o livro nº 11 da Telaranha Edições.
Composto em Bagatela e Neue Haas Grotesk, sobre papel pólen 80 g,
e impresso nas oficinas da Gráfica e Editora Copiart em setembro de 2023.